La guía completa para escribir erótica

Lanza tu escritura erótica hacia el éxito

Serie El negocio de la escritura

Por Sophie Chandler

Aviso de derechos de autor

La guía completa para escribir erótica: lanza tu trabajo de escritura erótica hacia el éxito por Sophie Chandler

Serie *El negocio de la escritura*

Título original: *The Complete Guide to Writing Erotica: Launch your erotica-writing gig to success* by Sophie Chandler (*The Writing Business Series*)

Publicado por Read Romantika

readromantika.com

Índice

Introducción

Bienvenido a la guía completa para escribir erótica.

Cuando era principiante e intentaba descubrir cómo empezar en mi carrera como escritora, investigué mucho sobre cómo escribir literatura erótica; pero como puede ser una carrera muy lucrativa si se hace bien, descubrí que en realidad era bastante difícil encontrar información precisa sobre cómo entrar en este negocio. Muchos de los consejos que dan las personas en línea tienen buenas intenciones, pero la mayoría son bastante engañosos. ¿Por qué? Porque no quieren que les quites un trozo del pastel.

Pero creo que hay suficiente pastel para todos. Después de todo, el sexo vende y creo que todos podemos beneficiarnos por igual de ello.

Por eso en este libro quiero ayudarte a descubrir cómo iniciarte en el negocio de la escritura erótica; y no te equivoques, la escritura erótica *es* un negocio. La erótica no es como ningún otro género que existe. Es especial, con su propio y complicado conjunto de reglas y regulaciones.

He aprendido mucho en estos pocos años escribiendo bajo una variedad de seudónimos y ahora quiero compartir este conocimiento con ustedes.

Si nunca has escrito nada antes en tu vida, entonces has elegido el mejor mercado para sumergirte. No hay nada como escribir erótica, y discutiremos por qué es un buen mercado para escritores principiantes en la primera parte de este libro.

Si ya eres un escritor de otro género, entonces agárrate fuerte, porque voy a poner tu mundo patas arriba. Escribir literatura erótica no se parece a nada que hayas hecho antes, y sí, eso cuenta incluso si eres un autor de libros de romance.

En este libro te enseñaré todo lo que he aprendido, desde lo que se necesita para ser un escritor erótico hasta *cómo* escribir tus historias y, lo que es más importante, cómo obtener ganancias.

Si quieres aprender más y descubrir si tienes lo necesario para convertirte en un escritor erótico, ¡sigue leyendo!

Parte 1
Antes de comenzar

3

¿Cuál es la diferencia entre erótica y romance?

Para convertirnos en un escritor de erótica, primero debemos comprender qué es la erótica y qué no es. Mucha gente tiende a confundir muchos de estos términos, yo también lo hice al principio, así que decidí dividirlos en un conjunto de definiciones bastante simple.

Erótica

Historias donde la trama se basa o gira en torno al sexo como tema principal. Puede tener o no finales felices (dependiendo de si estás escribiendo literatura de terror erótica o convencional, por ejemplo) y puede o no involucrar sentimientos románticos entre las partes involucradas.

La regla básica para saber si tu libro cae en el erotismo es: *si eliminaras todo el sexo de tu historia, ¿quedaría alguna historia?*

Erótica romántica

Al igual que el erotismo, el argumento principal de la historia es el sexo. Sin sexo no hay historia. Sin embargo, en la erótica romántica, los sentimientos románticos suelen estar involucrados y, por lo tanto, normalmente se espera algún tipo de final feliz.

Sin embargo, la regla sigue siendo la siguiente: si eliminas el sexo de tu historia, no te quedará mucha trama.

Romance

Historias donde la trama se basa en los sentimientos entre dos personas el uno por el otro. Puede contener o no sexo, y el sexo puede ser gráfico o no. Podría ser un romance "limpio" (sin sexo), una escena de "fundido a negro" o una escena sexual totalmente descriptiva. Los romances **requieren finales felices**; de lo contrario, estarás escribiendo algún otro género con el romance como subcategoría.

Al contrario del erotismo, si eliminas todas las escenas de sexo de tu historia y *aún* te queda una trama, entonces felicidades: escribiste un romance.

Romance erótico

Estas son historias que contienen *mucho* sexo, pero donde el sexo, nuevamente, no es necesario. Si eliminas el sexo y aún tienes una trama, aún tendrás un romance simple. La parte erótica viene sólo para darle vida al contenido.

¿Hay dinero en el erotismo?

La versión corta es **sí**.

La versión larga es **sí, pero sólo si haces las cosas bien y te esfuerzas.**

Uno de los principales consejos que leerás si buscas información sobre la escritura erótica es que ya no hay dinero por escribir erótica; solía haberlo, pero debido a que la forma en que funciona Amazon ha cambiado, ahora ya no funciona. El erotismo ya no vale la pena y, en su lugar, deberías considerar escribir una novela romántica.

En realidad, esta información no es del todo cierta.

Hay dinero en el erotismo, pero no es dinero fácil como la gente te hace creer. Sin embargo, es un poco más fácil que escribir una novela romántica completa. Y he aquí por qué:

Normalmente, las novelas eróticas son cortas. De 4k a 10k palabras es lo típico. Tienes que producir una gran cantidad de cortos para seguir siendo relevante en el erotismo, pero son tan cortos y los publicarás de manera tan constante que constantemente tendrás un flujo de ingresos.

Compara esto con redactar una novela romántica de más de 50.000 páginas. ¿Cuánto tiempo te llevará eso? Todavía tienes que escribir de manera consistente para seguir siendo relevante, y luego tienes que promocionarlo y mantenerte al día con los sitios sociales y todas las demás cosas divertidas que vienen con la publicación "normal", además de escribir tu libro. A menos que tengas una buena cantidad de dinero para invertir desde el principio en tu novela para edición, portada y marketing, es posible que no obtengas muchas ventas.

No me malinterpretes, ambos pueden ser negocios rentables y ambos requieren mucho trabajo, pero para mí, uno es un ganador seguro sobre el otro en términos de esfuerzo e inversión inicial.

A estas alturas te estarás preguntando...

¿Es la erótica para mí?

Por supuesto, sólo una persona puede responder a esa pregunta: tú. Pero aquí te daré algunos consejos sobre para qué tipo de persona es definitivamente la escritura erótica y para quién no.

La erótica ES para ti si...

Te encanta escribir y fantasear sobre sexo.

Si te resulta fácil escribir escenas de sexo en tus historias, o fantaseas con situaciones sexuales sobre las que absolutamente podrías escribir, entonces el erotismo es definitivamente 100% para ti.

Estás dispuesto a tomar esto como un trabajo y esforzarte en ello.

Escribir literatura erótica con fines de lucro (y no como pasatiempo; supongo que, dado que estás leyendo esto, en realidad estás buscando ganancias) es en realidad un trabajo *muy* duro. De hecho, es un trabajo de tiempo completo. Es necesario publicar de manera constante durante un largo período de tiempo para ver dinero real en esto.

No necesitas dinero con urgencia.

Es probable que no obtengas buenas ventas hasta que obtengas algo de tracción al publicar constantemente. Además, la mayoría de los lugares solo te pagarán mensualmente lo que ganaste el mes anterior, por lo que no verás ningún dinero en los primeros uno o dos meses de escritura.

La erótica NO es para ti si...

Odias o te sientes incómodo escribiendo sobre sexo.

Seamos honestos. Si no te gusta escribir sobre sexo, entonces no llegarás muy lejos en erótica. La gente se dará cuenta de que esto no es algo que te apasione, se mostrará en tus escritos y obtendrás menos ventas.

No será *imposible* vender tus historias, pero tus ganancias se verán perjudicadas y, lo más importante, te sentirás *miserable* al escribirlo.

No estás dispuesto a esforzarte en ello.

Para seguir siendo relevante para los motores de búsqueda y seguir obteniendo ingresos estables, tendrás que escribir, escribir, escribir, escribir y escribir un poco más. La constancia es clave para el erotismo y sin ella no llegarás a ninguna parte. Tus ganancias serán mínimas o inexistentes.

Ves esto sólo como un plan para hacerte rico.

Como dije antes, la escritura erótica es en realidad un trabajo de tiempo completo. No esperes escribir dos o tres historias y hacerte rico con ellas; muy pocos tendrán tanta suerte. Necesitas trabajar y publicar contenido constantemente para poder ganar dinero.

Preguntas típicas sobre la escritura erótica

Además de las declaraciones anteriores, aquí hay algunas preguntas típicas que me han hecho a menudo sobre la escritura erótica.

¿Puedo escribir erótica si nunca antes he escrito nada?

Sí. De hecho, el erotismo es el mejor género para los autores principiantes porque es un maravilloso trampolín hacia el mundo de las publicaciones en línea.

Escribir literatura erótica te enseñará *mucho* sobre el arte de escribir, sobre los ritmos de las historias y sobre el esfuerzo que implica todo lo *demás* que requiere la escritura (portadas, anuncios publicitarios, edición, marketing básico...) ¡y todo en fragmentos digeribles de 4k a 10k palabras!

¿Debería escribir erótica antes de dedicarme al romance u otros géneros?

De nuevo, sí, por todas las razones expuestas anteriormente. Escribir un corto de 4k palabras es mucho menos intimidante que una novela de 50k palabras, y puedes aplicar mucho de lo que aprendes escribiendo erótica a otros géneros.

La erótica también te ayudará a desarrollar un hábito de escritura sólido y bueno que te ayudará a terminar esas novelas largas en poco tiempo.

¿Puedo escribir erótica si no sé escribir "correctamente"?

Sí. Si puedes contar una historia buena y atractiva, puedes escribir una historia buena y atractiva. No es necesario tener una maestría en escritura para escribir textos eróticos, solo se necesita conocer los conceptos básicos de la estructura, de las oraciones y la ortografía; y, por supuesto, tener imaginación.

¿Puedo escribir erótica si nunca he tenido relaciones sexuales?

¡Sí! Contrariamente a la creencia popular, **en realidad no es necesario que te guste tener sexo para escribirlo, y tampoco es necesario haber tenido sexo para escribir sobre ello**. Es decir, los autores de crímenes nunca asesinaron a nadie y aun así escriben sobre asesinatos, ¿verdad?

Sin embargo, es necesario que te **guste** (y perdón por repetirme aquí) **fantasear** con ello.

Mucha gente parece tener problemas para entender que sólo porque te gusta fantasear con algo en particular, un *kink* o incluso el sexo en general, es necesario que te guste hacerlo en la vida real. Eso no es cierto. Ciertamente **ayuda** si tienes experiencia de la vida real, pero también es suficiente para que te guste fantasear con lo que sea que estés escribiendo.

¿La erótica es buena para los escritores experimentados?

Sí, pero si ya eres un escritor exitoso en otro género y estás pensando en cambiar solo para ganar dinero, no lo recomendaría a menos que realmente te guste escribir erótica.

Utilizar un seudónimo o no utilizar un seudónimo

Ah, el infame *Nom de Plume*. Los escritores siempre se preguntan esto independientemente del género en el que planean escribir, y las respuestas suelen ser bastante variadas para la mayoría de los géneros. Para el erotismo, sin embargo, sólo hay una respuesta correcta.

Entonces...

¿Debería escribir erótica bajo un seudónimo?

Esa es una pregunta muy común entre los aspirantes a escritores y la respuesta habitual para la literatura erótica es: **DIABLOS, SÍ**. Si deseas algún tipo de privacidad en tu vida, e incluso si no lo deseas, es imperativo que, como escritor erótico, utilices un seudónimo. Especialmente si vas a escribir temas más atrevidos o tabúes.

Estas son las 8 razones principales por las que querrás utilizar un seudónimo:

1. No quieres que tu abuela Sue descubra que estás escribiendo todas esas cosas malas. ¿Qué diría ella? Incluso si eso no fuera una preocupación...
2. No querrás que tu jefe actual o futuro descubra que estás escribiendo todas esas cosas malas. Lo creas o no, la gente ha perdido sus empleos por cosas como esta.
3. No necesitas que ningún fan descubra quién eres y te siga hasta donde vives; o cualquier persona que no sea

fanático que te encuentre, de hecho. Una posibilidad remota, pero podría suceder.

4. No debe confundirse con tus libros de otros géneros. No querrás escribir romance cristiano limpia con un seudónimo y luego escribir erótica con el mismo nombre. ¡Tus fans estarán muy confundidos y posiblemente bastante molestos!

5. No querrás quedar encerrado. La gente a menudo no ve la erótica como literatura real, por lo que no pensarán que eres un buen escritor para otros géneros.

6. Experimentación en varios nichos. Esto sirve para no confundir a la gente (si escribes, por ejemplo, sobre pseudoincesto y libros convencionales, no querrás que lectores que se sientan molestos por el pseudoincesto encuentren esos libros).

7. Ser capaz de experimentar con diferentes cosas sin "empañar" un seudónimo si fallas.

8. Comerciabilidad. Te resultará más fácil vender libros eróticos con cierto tipo de seudónimos que con un nombre normal.

¿Cuántos seudónimos necesito?

Ésta es una pregunta complicada, porque la única respuesta que puedo darte es: tantos como creas conveniente.

No hay un número fijo sobre cuántos seudónimos querrás usar. El único límite es cómo deseas abordar la separación de los diferentes tipos de escritura. Por ejemplo:

- Es posible que desees separar tu contenido M/F (Hombre x Mujer) de tu contenido M/M (Hombre x Hombre), F/F (Mujer x Mujer), Ménage. (Si no sabes qué es esto, quizás quieras consultar mi glosario al final del libro)

- Es posible que desees separar la escritura tabú de la escritura más convencional.

- Es posible que desees separar la escritura más dura de la más suave o vainilla.

También puedes usar nuevos seudónimos para experimentar en nuevos nichos con bajo riesgo, si ya tienes un seudónimo exitoso que no quieres "arruinar" si un libro no funciona.

Independientemente de lo que elijas, en última instancia, intentaría no extenderme entre demasiados seudónimos. Más adelante profundizaremos en los detalles sobre relevancia y marketing, pero para permanecer en la mente del público, es necesario tener un catálogo generoso, y es mucho más difícil lograrlo cuando recién estás comenzando si tienes 50 seudónimos en lugar de 1 o 2.

¿Cómo debería ser mi seudónimo?

La mayoría de los autores de literatura erótica optan por hacer que su nombre sea atractivo y llamativo; muchos juegan con las palabras. Cosas como: Foxy, Cox, Destiny, Wilder, Fox, Sade, Sin, Dick, King, Scarlett y básicamente cualquier otro nombre de estrella porno. Puede inclinarse hacia un juego de palabras muy obvio o puede ser más sutil.

Otros eligen nombres que suenan más normales. Me encuentro en esta última categoría la mayoría de las veces y, honestamente, después de haber probado ambos, puedo decir que no noto ninguna diferencia en las ventas usando uno u otro.

Entonces, elige el estilo que más te guste.

Ahora, en cuanto a la cuestión del **género** del seudónimo...

No hay nada intrínsecamente malo con un seudónimo masculino; sin embargo, obtendrás más ventas con nombres femeninos o neutrales en cuanto al género. Esto se debe a que una gran parte de los lectores de literatura erótica siguen siendo mujeres, y una buena cantidad de ellas todavía miran el nombre y tienen la noción (a veces equivocada) de que los hombres no saben cómo escribir literatura erótica que atraiga a las mujeres.

Esto, por supuesto, está mal. Todos los géneros pueden escribir todo tipo de obras que atraigan a todo tipo de géneros. Pero las ideas preconcebidas son las que son y, a veces, es mejor seguir lo que hace la multitud.

Y finalmente... haz una investigación adecuada sobre los seudónimos.

Una vez que tengas tu seudónimo, asegúrate de realizar una búsqueda en Amazon, Goodreads, Smashwords, y Google para asegurarte de que no esté en uso ya. Especialmente si ha elegido un nombre "más picante" en lugar de un nombre "normal".

No querrás que te confundan con otra persona, y si crees que puedes "robar" ventas teniendo un nombre similar al de algún autor que ya es un éxito de ventas, piénsalo de nuevo. Si los fans compran tu libro y luego descubren que no eres quien pensaban que eras, se enojarán.

Por supuesto, con nombres normales puede ser inevitable que haya cierta superposición, después de todo hay muchas personas en el mundo con los mismos nombres... pero no intentes nada turbio. La gente podrá saber si es casualidad o lo estás haciendo a propósito y no les gustará. ¡Y no hay nada como los fans enojados!

Sobre los nichos

¿Qué son los nichos?

Una cosa de la que oirás mucho cuando investigues sobre erotismo es "escribir en un nicho". Pero... ¿qué son los nichos? ¿Cuál es la diferencia con las perversiones o kinks, los fetiches, los temas, las categorías y, oh Dios mío...

Entonces, analicemos esto y miremos las definiciones oficiales del diccionario.

En términos generales, encontrarás *nichos* definidos de la siguiente manera:

adjetivo

1. *Que denota o se relaciona con productos, servicios o intereses que atraen a un sector pequeño y especializado de la población.*

Mientras que una *perversión o kink* se define como:

sustantivo

1. *Una peculiaridad de carácter o comportamiento.*

INFORMAL

1. *La preferencia sexual inusual de una persona.*

¿Y qué tal un *fetiche*? Bueno, es:

sustantivo

1. *Una forma de deseo sexual en la que la gratificación está vinculada en un grado anormal a un objeto, prenda de vestir, parte del cuerpo, etc. en particular.*

Por lo tanto, podemos decir que un nicho erótico es (en nuestro caso) un libro electrónico que atrae a un fetiche o kink especializado.

Realmente no hay ninguna diferencia importante entre los tres. Cualquier fetiche, kink o perversión que se te ocurra será un nicho. Entonces, cuando la gente te dice que escribas en un nicho, te están diciendo que elijas un fetiche o un kink popular que te guste y que escribas sobre ello.

Pero un nicho puede abarcar más de un kink. Por ejemplo, puedes tener un nicho que lo abarque todo, como "multimillonario", o específico, como "vampiros homosexuales multimillonarios exhibicionistas".

¿Cómo "encuentro mi nicho"?

Para ganar dinero con el erotismo, tienes que atender a lo que es popular, pero es posible que descubras que lo que es popular es un mercado excesivamente saturado. Es un equilibrio difícil de encontrar entre escribir lo que te gusta y lo que es popular. A veces encontrarás oro, a veces fracasarás estrepitosamente. La mayoría de las veces lo harás bien.

Pero, ¿cómo encuentras realmente tu nicho?

Primero, te recomiendo que busques una extensión para tu navegador que agregue la clasificación de Amazon (ver, ¿qué son las clasificaciones de Amazon?) a tus resultados de búsqueda.

Luego, echa un vistazo a mi lista de nichos al final del libro y toma nota de aquellos que te resulten atractivos. Finalmente, dirígete a Amazon y/o Smashwords , ingresa a la categoría erótica y mira el ranking de los 100 mejores o las listas más populares.

Echa un buen vistazo a los libros que se venden. ¿Se trata principalmente de multimillonarios? ¿Hombres lobo? ¿Hombres lobo multimillonarios?

¿Lo que es popular está alineado con lo que te gusta escribir? Si es así, felicidades, has encontrado tu nicho. Si no es así, eche un vistazo a las dos primeras páginas de erótica y vea si lo que le gusta escribir coincide con lo que ocupa un lugar más alto en la lista de categorías.

Explicaré más sobre la relevancia de búsqueda en la sección de marketing del libro, pero por ahora, aquí hay dos cosas importantes que debes saber...

Mercados sobresaturados y competencia

Los hombres lobo multimillonarios pueden ser algo *sobre* lo que escribir, pero eso también significa que todos y su madre están escribiendo sobre ello. Como todo el mundo escribe sobre ello, el mercado se saturará. Ahora bien, esto no es exactamente algo malo: significa que hay mucho *movimiento* y que las cosas *se venden*.

Sin embargo, un mercado sobresaturado también significa que la competencia será ridículamente dura. Es posible que tu libro se vea ahogado por muchos libros de autores ya establecidos, por lo que no obtendrá tantas ventas como esperabas. Mientras que si entras en un nicho con menos competencia, puedes acaparar el mercado: es decir, si encuentras el nicho adecuado, puedes convertirte en el escritor líder sobre ese tema en particular. La desventaja de los nichos más pequeños es que realmente tienes que encontrar oro para lograrlo, porque un nicho más pequeño podría significar que no ha sido descubierto o que simplemente no es demasiado popular y, por lo tanto, no ve mucho movimiento, y por ende no hay tantas ventas.

Los nichos muertos no existen

Alerta de spoiler, los nichos muertos no existen. Es posible que la gente te diga que no escribas sobre hombres lobo multimillonarios porque era popular en 2014, pero ahora ya no lo es, pero no es cierto. La popularidad llega de repente y muere muy lentamente en el erotismo.

Sin embargo, el hecho es que el nicho ya tendrá demasiados libros.

Entonces, ¿en qué nicho debería escribir?

El que más te guste escribir.

Como mencioné antes, te tiene que *gustar* el tema sobre el que estás escribiendo o no llegarás a ninguna parte. Encuentra un equilibrio entre lo que es popular y lo que te gusta escribir, o prueba suerte escribiendo lo que le encanta, incluso si es un nicho pequeño.

Investiga los libros más vendidos y toma una decisión informada.

Nadie dice que tengas que ceñirte a un nicho por el resto de tu vida; haz prueba y error, prueba las cosas.

Si fracasas, simplemente cambia de nicho: ¡es así de fácil!

parte 2
Escribir erótica

Los ritmos

Sí, aunque el erotismo es un estilo de escritura que requiere relativamente poco esfuerzo, todavía tienes ritmos que tocar en tus historias.

Por eso te aconsejo, antes de empezar a escribir erótica, que leas erótica. Lee mucha literatura erótica. Mucho, mucho, mucho, para que tengas una buena idea de lo que se espera. Preferiblemente lee el material en el top 100, para que puedas emular aquellos que están haciendo las cosas *correctas* y, por lo tanto, también hacer las cosas bien desde el principio.

También lee mucho en tu nicho: una vez que elijas algo, obté algunos libros de alto rango en ese nicho para ver cómo la gente los maneja.

La erótica todavía tiene una vaga estructura de 3 actos que debes seguir:

1. **El montaje:** aquí es donde presentas a tus personajes y su deseo.
2. **El medio:** aquí es donde ocurre el sexo.
3. **El final:** esto es lo que sucede luego.

La parte media suele dividirse aún más en una escena de sexo inicial, una ruptura de tensión o un aumento de lo que está en juego y la escena de sexo final.

Ahora que conoces la estructura general, continuemos con algunos detalles técnicos.

Persona

¿Deberías escribirlo en primera o tercera persona? Si no recuerdas tus tiempos verbales, la primera persona es "yo" y la tercera persona es "él/ella". Ni siquiera consideres a la segunda persona. **Nunca.**

Para el erotismo, te recomiendo encarecidamente que elijas la tercera persona. La primera persona puede hacerlo más inmersivo, pero también puede arruinar la inmersión si la persona no siente algo que describiste, cuando puede pasarse por alto más fácilmente si dicho sentimiento lo experimenta una tercera persona.

La primera persona también limitará tu número de lectores.

Punto de vista

¿Deberías escribirlo desde el punto de vista de "él" o desde el de "ella"? ¿Deberías cambiar de punto de vista?

La respuesta es: haz lo que te parezca mejor para tu historia. Normalmente las historias eróticas son demasiado cortas para cambiar mucho el punto de vista, por lo que desaconsejaría utilizar más de uno, pero no es imposible.

Solo asegúrate de decidir desde qué perspectiva quieres contarlo y ceñirte a ella.

¿Capítulos?

Una vez más, el erotismo tiende a ser demasiado corto para los capítulos. Normalmente me dividiré en dos capítulos para historias más largas (10k palabras) y sin capítulos para historias de 4-5k palabras.

Pero como el erotismo es tan corto...

¿En cuántas palabras deberías tocar todos los tiempos?

Como dije antes, la historia erótica promedio tiene entre 4k y 10k palabras, siendo 4k a 5k la norma, y 15k es una longitud un poco más rara pero aún existente.

Hay un lugar para el erotismo de formato largo (novella o novela), pero es raro y requiere más compromiso de tiempo para una producción menos consistente; Así que, si vas a escribir una historia tan larga, simplemente escribe un romance erótico.

Lo creas o no, puedes tocar todos los ritmos en tan solo 4k palabras.

Quizás te preguntes por qué no recomiendo historias más cortas y, en realidad, hay dos razones:

1. Nadie quiere historias más cortas y no valdría el precio que tendrías que pagarlas.
2. Amazon no acepta nada de menos de 3.5k palabras de longitud.

¿Qué tan poco sexo es muy poco sexo?

Quizás hayas notado que en una sección anterior hice referencia a dos escenas de sexo. Este es el mínimo indispensable que debe tener tu historia. Podrías salirte con la tuya con solo uno, pero dos parecen ser el punto óptimo para la mayoría de las historias cortas.

Ten en cuenta que los lectores querrán llegar rápidamente al meollo de la historia, por lo que no querrás perder el tiempo en la preparación.

Entonces, suponiendo un promedio corto de ~4.5k palabras, este sería un esquema de ritmos típico:

1. **Primeras ~1k palabras: La preparación.** Presenta a tus personajes, sus deseos y el entorno.
2. **Siguientes ~3k palabras: La mitad (Sexo).** Esta debería ser la primera escena de sexo, que podría ser sexo completo (penetración) o algo como oral, caricias, masturbación... seguido de un pequeño descanso de unos cientos de palabras, y una segunda escena de sexo final, normalmente penetración total.
3. **Últimas 500 palabras: El final.** Escribe algunas palabras que preparen la continuación de la serie o que cierren a la pareja volviendo a su vida habitual, continuando juntos o como quieras terminar tu historia. Tiene que ser breve y ofrecer algún tipo de cierre para que no sea un final abrupto.

Si deseas ampliar la duración de la historia, asegúrate de alcanzar un 10 a 15 % de preparación, un 80 a 85 % de sexo y un 5 % de conclusión.

Esto funciona para cortos eróticos independientemente del nicho, el tiempo, la perspectiva, etc.

Calidad

Si bien no es *necesario que tus cortos eróticos* sean de la mejor calidad, sí necesitas conocer la estructura gramatical y la ortografía básicas. Si no puedes unir dos palabras en una oración coherente, no llegarás muy lejos.

Después de todo, la erótica sigue siendo una forma de literatura, así que asegúrate de revisar y editar tu libro una vez que esté terminado. ¡No te detengas eternamente en hacerlo perfecto! Recuerda: la erótica requiere una gran cantidad de publicaciones en un breve tiempo para ser rentable.

La importancia del consentimiento

Casi ningúna tienda aceptará libros eróticos que contengan sexo no consensuado. Ten en cuenta que esto no es lo mismo que el sexo no consensuado en un libro de terror o suspenso, dónde la erotica no es el punto ni la mayor parte de la historia. Cuando me refiero a "erótica no consensuada" me refiero a que no aceptan representaciones sexuales no consensuales que se crean con el único propósito de excitar al lector.

La mayoría tampoco aceptarán (o desaconsejarán en gran medida) los "consentimientos dudosos". Dónde no se sabe con certeza si una de las partes ha consentido, por ejemplo, por estar drogado o controlado de alguna manera.

Debido a esto, y porque en la mayoría de los nichos que no involucran específicamente esos problemas ese tipo de cosas no funcionan, es muy importante que tus historias muestren el consentimiento entre ambas partes. Especialmente si se trata de algo como BDSM o juegos de poder, o si están representando alguna fantasía (aunque te desaconsejaría escribir sobre eso si esperas publicarlo también en Kindle).

No necesitan firmar un contrato, y no es necesario que un personaje le pregunte directamente al otro si da su consentimiento para tener relaciones sexuales, pero debes dejar claro que ambas partes están interesadas, incluso si hay algunas dudas iniciales de uno de ellos.

Si no lo dejas claro, tus cuentas (y tu sustento) podrían correr peligro.

No estoy bromeando; Amazon en particular es muy estricto con ese tipo de cosas, y si bloquean tu cuenta, lo más probable es que no vuelvas a ingresar, lo que significa que el sitio que vende más libros electrónicos ya no estará a tu disposición.

Todo sobre el formato

Cuando digo formato, no me refiero a epub, mobi o pdf. Lo que quiero decir es el formato del manuscrito de tu libro para cargarlo en Kindle, Smashwords y en cualquier otro lugar donde desee cargarlo, para *que ellos* lo conviertan en un archivo de libro electrónico atractivo.

Quiero dejar esto claro desde el principio:

No necesitas ninguna herramienta en particular para escribir tu libro. Usa lo que tengas: Word, Open Office, Scrivener, lo que sea. Y si no tienes más herramientas que el Bloc de notas, utiliza Google Docs.

Es mejor formatear tu libro de la manera correcta desde el principio, de esa manera no perderás tiempo re-formateando más adelante. Y no, tampoco es necesario que contrates a nadie para que haga esto por tí.

Personalmente, tengo una plantilla que asigna todos los elementos básicos habituales (interiores, derechos de autor, índice y demás), y simplemente la guardo con un nuevo nombre cuando escribo una nueva historia. De esa manera mi archivo estará perfectamente formateado y estaré lista para publicarlo tan pronto como termine con la edición.

Los conceptos básicos para formatear cualquier libro electrónico de manera que pueda cargarse exitosamente en cualquier lugar que desee sin tener ningún problema es utilizar el principio KISS.

KEEP IT SIMPLE, STUPID.

O en español:

Mantenlo simple, Estúpido

Todo lo que necesitas hacer es usar el "encabezado 1" de tu procesador de textos para cualquier título o encabezado de capítulo, y "normal" para el resto del texto, y listo.

Sí, es así de simple.

No agregues ninguna imagen ni silbato, no lo necesitas. La mayoría de los negocios se encargarán de todo lo demás. Streetlib y Draft2Digital, por ejemplo, crearán el archivo del libro electrónico por tí.

Si publicas en Smashwords y los utiliza como distribuidor, también deberás agregar una tabla de contenido a través de la función de "tablas de contenido" del procesador de textos, y agregar en algún lugar una " Edición Smashwords"; pero esa es la única molestia adicional.

Si haces las cosas bien desde el principio, no tendrás que volver a complicarte con el formato en tu carrera como escritor.

Poniéndole título a tu historia

Pongo esto último porque para mí es una de las cosas más difíciles de hacer. El título de tu libro de erótica tiene que:

- Ser claro y simple

- Evitar ser genérico

- Transmitir de qué trata tu libro

- Ser compatible con SEO

- Y evitar palabras que puedan acabar en la mazmorra de Amazon.

He aquí un ejemplo: títulos genéricos como "Calor en el rancho" o "Deseo por el prójimo" son demasiado vagos. No transmiten de qué trata tu libro.

Idealmente, tu título debería incluir algunas palabras clave (más sobre eso en la sección de marketing) que mostrarán el nicho o kink en el que estás escribiendo. Idealmente, tampoco debería ser demasiado largo, y aunque siempre puedes agregar un subtítulo para ampliar el alcance de tus palabras clave, es mejor que no abuses de esto y descartes *todas* las palabras clave allí porque eso hará que te bloqueen la cuenta.

Un título mejor sería algo así como "Montando al hombre lobo vaquero", donde usas montar en lugar de follar para no ser arrojado al calabozo de Amazon, pero transmite que se trata de hombres lobo y vaqueros. O "Tomada por mi vecino: una historia BDSM de primeras veces".

Sí, esos son ejemplos estúpidos, pero sirven para ilustrar un punto. Contienen palabras clave y el contenido es bastante claro.

En cuanto a lo que puede llevarte a la mazmorra de amazon, hay más información al respecto en las siguientes secciones del libro, pero puedes asumir fácilmente que la mayoría de las palabras que pueden filtrarte como adulto son solo cosas gráficamente descriptivas: polla, coño, puta, gangbang, joder, etcétera.

Utiliza eufemismos cuando puedas, como "miembro" en lugar de "pene" o "calor apretado" en lugar de "coño", o el infame "hombre de la casa" para papá/padrastro (pero recuerda, el pseudoincesto y el incesto están prohibidos en Amazon).

Para verificar si tu libro fue enviado a la mazmorra o filtrado para adultos, visita salesrankexpress[1], busca el título de tu libro y, si ves la palabra " **adulto** ", significa que lo enviaron a la mazmorra de Amazon.

Esto es algo que deseas evitar, porque los títulos filtrados para adultos no aparecen normalmente en los resultados de búsqueda y Amazon no los promociona de ninguna otra manera, lo que significa que la visibilidad de ese título ahora se ha reducido considerablemente.

---

1. http://salesrankexpress.com

Dicho esto, no querrás categorizar incorrectamente tu libro solo para evitar esto porque, por un lado, puede hacer que te bloqueen la cuenta y, además, no es bueno para los lectores ni justo para otros escritores.

parte 3
Lo escribí, ¿y ahora qué?

Juzga un libro por su portada

Hay tres cosas importantes cuando se trata de comercializar tu contenido erótico, y son: la portada, el título y el marketing. Y es precisamente por eso que te aconsejo que **si estás dispuesto a gastar dinero por adelantado en cualquier cosa** para tu libro, **lo hagas primero en la portada.**

Contrata a un diseñador de portadas. Y si no puedes, al menos compra algunas fotografías y observa cómo están diseñadas otras portadas del género para tener una idea de cómo hacer una por tí mismo.

Las primeras impresiones son importantes

La portada es una de las primeras cosas que la gente ve y sí, tu libro se juzga absolutamente por ella.

Una buena portada debe destacarse cuando la ves como miniatura y también cuando la ves en escala de grises.

Si vas por la ruta del hágalo usted mismo, entonces, así como tienes que leer en tu género, debes cubrir el diseño en tu género. Mira las portadas de libros de otros autores. ¿Qué ves? Intenta emular el estilo de esas portadas.

Tu portada debe transmitir tu género y ser claro sobre lo que estás vendiendo. Tiene que ser atractivo sin romper las reglas.

No intentes ser demasiado tímido y críptico al respecto: estás escribiendo cortos eróticos, no novelas cortas.

Diseño y herramientas

Si vas a hacer la portada tú mismo, querrás utilizar una herramienta como Photoshop (de pago), GIMP (gratis) o un editor en línea (Canva, Pixlr).

Normalmente querrás utilizar una persona (o más), junto con el título y el nombre del autor.

Por ejemplo, un libro de ménage puede tener tres personas en la portada, lo que transmite la cantidad de personas involucradas.

Quieres que el título sea claro y legible. Aunque el autor generalmente no importa en la literatura erótica (a menos que ya seas un autor de renombre), aun así querrás que tu nombre se destaque. Sólo trata de no hacerlo más grande que el título.

Los colores deben ser lo suficientemente vibrantes y contrastantes como para no ser molestos cuando están en color, pero también para resaltar cuando se ven en escala de grises.

Dicho todo esto, trata de mantener las cosas simples. No sobrecargues la cubierta. Menos es más.

Fotografías y fuentes

Querrás al menos comprar algunas fotografías en un sitio como Depositphotos, que a veces ofrece ofertas realmente buenas. Podrías utilizar sitios de fotografías gratuitos, pero las fotografías adecuadas son bastante limitadas y se utilizan en exceso en otros libros. Además, a menudo pueden ser exigentes con el uso para el erotismo (o no permitirlo). Si optas por la ruta gratuita, asegúrese de que permitan el uso comercial o que sea cc0. Algunos sitios permiten el uso gratuito sólo si es para uso editorial, así que tenlo en cuenta.

Sin embargo, si recién estás comenzando y tienes muy poco dinero en efectivo, los archivos gratuitos son una opción.

Independientemente de si eliges fotografías de archivo gratuitos o de pago, una cosa muy importante que querrás hacer es recortar las caras u oscurecerlas. Lo ideal sería que los modelos no fueran identificables. No querrás mostrar caras en tus portadas a menos que tengas los formularios de autorización de modelo adecuados que digan que la modelo permite el uso de su imagen en erótica. Podría causarte *grandes* problemas legales. Incluso para el romance, este es un terreno dudoso para seguir adelante.

Y por todo lo que es sagrado, evita los gráficos en 3D. Gritan amateur y de baja calidad incluso cuando están bien hechos.

Ahora bien, en cuanto a fuentes, puedes encontrar buenas en sitios como Fontsquirrel o Dafont. Sólo asegúrate de que, al igual que las fotos, sean gratuitas para uso comercial.

No me preocuparía demasiado con la fuente script; trata de encontrar algo legible y agradable a la vista.

Contrata a un diseñador

Si no sabes hacer portadas, te repito: contrata a un diseñador.

Vale la pena. Una portada bien diseñada venderá tu libro, y eso es un hecho en cualquier género en el que escribas.

Puedes contratar gente en un sitio como Fiverr o contratar a un diseñador profesional, aunque, por supuesto, uno profesional costará mucho *más*.

Para encargar adecuadamente una portada, asegúrate de brindarle a tu diseñador toda la información que necesitará: un resumen de la historia, el género en el que se encuentra, los detalles y algunos ejemplos de portadas si tienes algo específico en mente.

Cuanta más información proporciones, mejor será el diseño.

Diseño de portadas para amazon

Amazon es particularmente exigente con las portadas que permiten. Si no vas por esa línea con cuidado, tu libro será filtrado para adultos. ¿El único problema? No son demasiado específicos sobre todas sus reglas.

Estas son algunas de las cosas que son definitivamente un **no**:

- Sin sexo

- No niños menores de edad (obviamente)

- Sin desnudez absoluta

- Sin mostrar la parte de abajo de los senos

- Sin nalgas

- No "sostenes de mano" (cuando la chica no tiene sostén, y el chico le agarra los senos por detrás)

- No mostrar pezones para las mujeres (sí, lo sé… es injusto que a los hombres se les permitan mostrar pezones)

- Sin vello púbico independientemente del sexo

- No se permiten parejas en poses abiertamente sexuales que simulen sexo, independientemente de si tienen ropa puesta o no

- Sin apretar los senos

- Sin esposas, ni esclavitud abierta

Ve a lo seguro. Es mejor optar por una portada menos picante que tener que volver a hacerla.

¿Cantidad o calidad?

No diré que la calidad no sea importante, porque la verdad es que cierto nivel de calidad *es* importante. Necesitas un libro bien editado, con la menor cantidad de errores ortográficos posible y, con suerte, con una historia cautivadora y escenas de sexo excitantes.

Pero... Tampoco es necesario que sea perfecta y, dado que la mayoría de los contenidos eróticos son breves, probablemente tampoco tendrás que preocuparte por los agujeros en la trama. Así que no pierdas una cantidad ridícula de tiempo tratando de editar tu erótica a la perfección.

Lo más importante en el erotismo es y seguirá siendo **la cantidad**. Cuantos más libros haya en tu catálogo, más ingresos pasivos obtendrás.

Entonces, ¿cuántas historias deberías publicar? ¿Y con qué frecuencia?

La respuesta a esto es amplia: tantos como puedas.

Así es, debido a que la cantidad es primordial en la publicación de contenido erótico con fines de lucro, cuantas más historias puedas publicar por semana, mejor.

Como mínimo, diría que deberías aspirar a uno o dos por semana. Menos que eso y tus ventas se verán muy afectadas. Las historias nuevas venden historias viejas y, para obtener ganancias reales y constantes, se espera que tengas al menos un catálogo de 100 libros.

Todo envuelto en un paquete

Los paquetes son una forma de dar nueva vida a viejas historias que ya no se venden tanto. Los compradores de paquetes también tienden a ser diferentes de los compradores habituales, por lo que ampliarás tu alcance agregando paquetes a tu repertorio.

¿Qué son los paquetes?

Los paquetes son colecciones o paquetes de tus libros anteriores.

Digamos que escribiste una serie de 3 partes sobre vaqueros: vuelves a empaquetar esos 3 cortos como un solo libro, y lo vendes como un paquete.

Allí, ganancias instantáneas, sin siquiera tener que escribir nada nuevo.

Ten en cuenta que aún debes revelar los libros que contiene el paquete; no intentes hacerlos pasar por cosas completamente nuevas.

Además, asegúrate de que si cargas tu paquete en Kindle Unlimited (que requiere exclusividad, más sobre esto en una sección posterior), no cargues las historias individuales en ningún otro lugar, o Amazon podría bloquear tu cuenta.

¿Qué agrupar en un paquete?

Puedes beneficiarte de los paquetes de varias maneras, sólo asegúrate de no hacerlo *en exceso* porque a la mayoría de la gente no le gusta que los autores hagan eso.

La sobreagrupación es cuando colocas la misma historia en 2 o más paquetes. Algunas personas te dirán que está bien hacer esto, pero yo personalmente lo desaconsejaría, la gente se enoja cuando terminan comprando demasiadas repeticiones.

Algunas de las cosas que puedes agrupar son:

- Series (Cowboy's Heat 1, 2 y 3; Cowboy's Heat 4, 5 y 6; O Cowboy's Heat 1 a 6)

- Kinks/Nichos (¡BDSM Super mega paquete de 10 libros!): ¡Esto puede ser incluso del mismo autor o de varios seudónimos!

- Géneros (paquete M/M, paquete M/F)

¿Cuántos libros debo hacer por paquete?

¿Mínimo? 3. Máximo, tantos como quieras. He visto gran variedad, e incluso los paquetes de más de 30 libros parecen venderse bien, aunque no puedo decir que alguna vez haya empaquetado tantos.

¿Cuándo debo agruparlos?

A mi modo de ver tienes dos opciones:

Opción A: espera dos semanas desde la fecha de lanzamiento del último libro de una serie y luego los agrupas.

Opción B: espera hasta que un puñado de cortos comiencen a perder tracción y tengan menos ventas, y *luego* los agrupas.

Personalmente uso la opción B, porque como dije antes, me permite darle un empujón a historias antiguas que no me valían tanto. Sin embargo, cuando comencé mi carrera, estaba agrupando con la opción A.

¿Realmente puedo ganar dinero con paquetes?

¡Sí puedes! E incluso tienen una vida útil más larga que las historias cortas individuales. A veces más incluso que las novelas románticas.

Hablaré de los precios para paquetes más adelante, cuando hable de precios en general.

editores, edición

Podrías gastar dinero en enviar tu historia a un editor y, sin duda, generaría más ventas en el futuro. Pero no es *necesario*. En realidad, no es un requisito para el erotismo, como lo es para todos los demás géneros.

Podrías utilizar un editor profesional o contratar a alguien más barato en Fiverr, o también podrías editar tus historias tú mismo.

¿Cómo?

Asegúrate de volver a leer su historia una vez y verificar visualmente si hay errores. Luego ejecuta el corrector ortográfico de tu procesador de textos; no aceptes todo automáticamente. Lee manualmente las oraciones y elige si la solución tiene sentido o no, porque a veces no tienen sentido.

Ejecuta tu historia a través de aplicaciones de ayuda al autor como Grammarly o Hemingway.

Sin embargo, no pases demasiado tiempo en esto, o nunca tendrás suficientes historias para triunfar en el erotismo.

Las páginas finales importan

Aunque analizaremos el marketing con un poco más de profundidad más adelante, quiero que comprendas bien la última parte de tu libro, porque es una de las cosas que le ayudará a comercializar su catálogo anterior.

¿Qué son las páginas finales?

Son las partes de un libro que aparecen *después de* la parte principal del texto; como el epílogo, sobre el autor, otros libros del autor, extractos y otros temas finales similares.

¿Por qué importa?

Porque es tu mejor plan de marketing hasta el momento. Lo utilizarás para vincular varios de tus cuentos anteriores y extractos para atraer a los lectores a realizar compras impulsivas; y para que tu lista de correos amplíe tu círculo de lectores.

En erótica, la materia posterior y los metadatos es donde realizarás la mayor parte de tu marketing.

¿Qué deben contener mis páginas finales?

Debes hacer que tus páginas finales sean relevantes y que todo lo que contengan cuente. A continuación se muestran algunos ejemplos de todo lo que puede incluirse en la última parte de tu libro:

- Si no lo has incluido en tu portada, asegúrate de incluir una **breve declaración de derechos de autor y un descargo de responsabilidad.**

- **Otros libros de...** Preferiblemente, querrás que éste sea relevante para el contenido de tu libro. Si estás escribiendo sobre el incesto, vincula otros libros con el incesto. Si estás escribiendo BDSM, no vincules el incesto a menos que también contenga BDSM.

- **Otros en serie.** Suponiendo que estés publicando una serie, este es un buen lugar para vincular entregas anteriores.

- **Un llamado a la acción.** Como "¡Compre ahora!" o "¡Haz tu pedido por adelantado para obtener un descuento!" La desventaja de este último es que tendrás que volver a cargar una nueva versión de tu historia cuando finalice el pedido por adelantado.

- Un enlace a tu lista de correo, si tienes una.

- **Opcional: UN BREVE extracto.** Esta sería una sección picante de cualquier historia que sea relevante para la que estás publicando.

Puedes **enlazar** a tu catálogo general, pero debes priorizar según relevancia y series.

Una cosa importante a tener en cuenta es que **no debes hacer que las páginas finales sean más largas que tu libro.** Esto raya en el relleno de libros y está prohibido por Amazon y la mayoría de los distribuidores. Una buena regla general es que los extractos no pueden ocupar más del 10% del libro.

Descripciones

Las descripciones son una parte integral del marketing de las historias que publicarás. Una buena descripción debe dejar a la gente con ganas de más. Tiene que hacerles preguntarse qué va a pasar para que no puedan evitar comprar el libro y seguir leyendo. Tiene que ser atractivo, pero no explícito, o de lo contrario infringirá las reglas de la mayoría de los distribuidores.

Pero una buena descripción no sólo necesita tener en mente al comprador: también es necesario introducir palabras clave para que sean relevantes en su búsqueda. Profundizaré sobre las palabras clave más adelante, pero, por ejemplo, si tu libro trata sobre BDSM, probablemente querrás decir esto en el título o en la descripción.

Relleno de libros

El relleno de libros es la práctica de poner varias historias cortas *después* de la historia principal y no revelarlas como algo más que una "bonus". A menudo estas historias o extractos extralargos ni siquiera tenían relación con la historia principal, y eran cortos publicados anteriormente, de modo que los usuarios que los compraban acababan cabreados por comprar algo que ya tenían.

Fue creado como una forma de inflar artificialmente el número de páginas que tenía un libro para dar una mayor percepción de valor por el precio, así como para obtener más páginas leídas en Kindle Unlimited, engañando así al sistema.

El relleno de libros se considera una táctica fraudulenta y una estafa, y tanto los lectores como los autores y los minoristas lo ven mal. También es motivo de prohibición, así que no lo hagas.

Ahora probablemente te hayas dado cuenta de que esto te suena familiar. Algo así como paquetes... en cierto modo. Y tal vez te estarás preguntando...

¿Cuál es la diferencia entre rellenar libros y agruparlos en paquetes?

La diferencia crucial es si eres franco y honesto acerca de lo que vendes.

Con el relleno de libros, estás añadiendo 10 cortos a una sola historia, llamándolo un "extra", y sin revelar que son las 10 historias antiguas que ya tenías en tu catálogo. También se hace simplemente para inflar las lecturas de páginas de Kindle.

Con el paquete, revelas desde el principio todas las historias contenidas en el paquete. No hay sorpresas para el comprador. Se hace para ofrecer al lector una ganga en un conjunto o serie determinada, así como para facilitarles la compra del conjunto completo en lugar de cada uno individualmente. Los lectores no se sorprenderán de lo que obtendrán porque ya has revelado todo lo que se incluye.

Por fin publicando ... pero ¿dónde?

Hay muchas preguntas que se hacen los autores cuando se preparan para publicar. Intentaré responder algunas de las preguntas más comunes que me han hecho en esta sección.

¿Esperar o publicar inmediatamente?

Hay dos escuelas de pensamiento sobre cómo abordar la publicación. La primera dice que debes esperar hasta tener un buffer decente de historias y publicarlas solo entonces, para que puedas trabajar en más mientras ya tienes cosas que publicar. Hay mucho mérito en esto. Por un lado, no estás presionado por el tiempo para escribir una historia y publicarla inmediatamente, lo que te da un poco más de libertad para revisar y editar. También te permite tener un catálogo anterior ya preparado para vincularlo, mejorando enormemente tus ventas.

Pero si te cuesta escribir aunque sea una sola historia, quizás esta no sea la mejor idea. Cuando comencé, me senté en un par de mis historias durante semanas antes de decidir publicarlas. No me ganaron nada, no hice nada con ellas y no estaba tan motivada como para escribir más.

Entra la segunda escuela de pensamiento:

Una historia inédita no te ganará nada de dinero.

Y es verdad. Si no tienes problemas para crear una reserva inicial de historias para publicar, puedes esperar, pero si te falta motivación, definitivamente publica todas las historias que escribas en cuanto las tengas. Como señalo anteriormente, si no publicas nada, no ganas nada. ¡No es de extrañar que te falte motivación!

Seguramente obtendrás al menos *una* venta dentro de la primera semana de publicación, incluso si tu portada y publicidad aún no están en el mercado, y te garantizo, ¿esa venta? Será el mejor motivador para escribir más.

Entonces, mi consejo al respecto es que **intentes** escribir varias historias antes de publicarlas, pero si no lo has logrado en una o dos semanas, ¡publica las que ya tienes y no esperes!

¿Qué son "kindle ilimitado" y "publicación directa de kindle" y todo eso?

KDP o **Kindle Direct Publishing**, es una plataforma para que autores y editores independientes publiquen sus libros y libros electrónicos directamente en la plataforma de Amazon. KDP tiene varios subprogramas dentro, como "impreso" y "select". El primero, por supuesto, se ocupa de convertir sus libros en libros de bolsillo o impresos, mientras que el segundo es simplemente otro nombre para KU (o Kindle Unlimited).

Siempre que no registres tu libro en KDP Select o KU, aún **puedes** publicarlo en otros sitios web, como Kobo, Nook, Apple, Overdrive, etc.

Puedes encontrarlo en: https://kdp.amazon.com/

KDP Select es un subprograma de KDP que permite a los autores firmar un programa de exclusividad con Amazon a cambio de beneficios adicionales. ¿Cuáles son estos beneficios adicionales? Regalías ligeramente más altas, por ejemplo; la capacidad de ejecutar campañas de libros gratuitos o con grandes descuentos (normalmente no se pueden publicar libros gratis en Amazon) durante un período de 90 días (con un tiempo de reutilización posterior); inscripción en Kindle Unlimited y Kindle Lending, etc.

Firmar la exclusividad significa que no puedes publicar tu libro en ningún otro sitio: ni en Kobo, Nook, Apple o incluso en tu propio sitio para venta directa, o gratuito, y las muestras no pueden exceder el 10%. Pero estas restricciones se aplican sólo a la versión digital (libro electrónico). Aún puedes publicarlo impreso o como audiolibro.

Puedes encontrar más información en: https://kdp.amazon.com/select

KU o **Kindle Unlimited**, es un programa de suscripción que permite a los clientes de Amazon pedir prestados hasta 10 libros a la vez de forma "gratuita" durante la duración de su suscripción (si "devuelven" el libro, pueden obtener más). Digo "gratis" porque en realidad están pagando, simplemente no es una venta tradicional.

Sólo podrán tomar prestados libros que estén inscritos en el programa. A tí, como autor, no se le paga por "venta" o descarga, sino por *las páginas leídas*. Por eso existía antes el relleno de libros.

Tu libro solo aparecerá aquí si está registrado en **KDP Select**.

Puedes encontrar más información en: https://kdp.amazon.com/en_US/help/topic/G201537300

KOLL o **Kindle Owners' Lending Library**, es un programa disponible para los suscriptores de Amazon Prime que les permite pedir prestado un libro gratis al mes, como si fuera una biblioteca.

Tu libro solo aparecerá aquí si está registrado en **KDP Select**.

¿Qué es la publicación "amplia"?

Amazon y Kindle no son el fin de todo en el mundo editorial, aunque son el distribuidor más grande del mundo en este momento y dominan el mercado. Claro, Amazon tiene mucho tráfico, pero hay muchas otras plataformas en las que puedes publicar tu libro si eliges hacerlo "amplio".

Por lo tanto, "publicación amplia" significa simplemente poder publicar sus libros en distribuidores *distintos de Amazon* y *además de* Amazon.

Por ejemplo, puedes subir tu libro a Smashwords, Kobo, Nook, Apple, Google Play, Streetlib y más.

Tienes dos opciones para hacer esto: una es ir a cada sitio y hacerlo por tí mismo manualmente; la otra es utilizar un agregador, también llamado distribuidor.

Pero antes de hacer cualquier cosa, recuerda que **Kindle Unlimited** y **KDP Select** requieren **exclusividad** con

Amazon, por lo que si planeas inscribirte en ellos, **no puedes** publicarlos en ningún otro lado. Sin embargo, puedes **ampliarte** si publicas en KDP pero **no** te inscribes en Select/Unlimited.

Entonces, ¿qué es mejor, seguir con Kindle o ampliar la distribución?

Bueno, realmente depende de las preferencias personales. No hay ninguna respuesta incorrecta aquí. A mí me gusta ir más allá, tener más opciones para elegir que simplemente quedarme estancada en Amazon me da la libertad de llegar a un público más amplio. Sin embargo, como desventaja, no puedo ofrecer promociones gratuitas o "gratis en KU", lo que puede dificultar que un nuevo seudónimo consiga tracción.

Por otro lado, si haces algo mal o Amazon decide prohibir tu erótica sin ningún motivo, al menos tendrás tus libros ya publicados en otro lugar y no tendrás que empezar de cero.

Existe una discusión sobre si las regalías de las páginas leídas son mejores que las de las ventas, pero para mí esto no tiene importancia. Al final del día, la época en la que esas regalías en realidad te hacían rico ha terminado, y ahora el pago se ha equilibrado en su mayor parte con las ventas.

Si decides ampliarte, como dije antes, puedes hacerlo manualmente en cada sitio si deseas mantener el control, o puedes sacrificar una pequeña tarifa a los agregadores y hacer tu vida mucho más sencilla.

Yo uso este último.

¿Qué son los agregadores (distribuidores) y por qué debería elegirlos?

Los agregadores son sitios web (y a veces incluso distribuidores propios) que, por una pequeña tarifa, distribuyen su libro electrónico a una variedad de tiendas, como Nook, Apple, Amazon, etc.

Si bien la pérdida del porcentaje adicional por venta puede ser un inconveniente para algunos, realmente vale la pena si planeas publicar en muchos distribuidores a la vez, simplemente porque te hace la vida mucho más fácil y te ahorra mucho tiempo. Así, no es necesario que repitas manualmente el proceso de carga para cada tienda que desees utilizar.

Muchos te facilitan la conversión de tu archivo a varios formatos con poco o ningún conocimiento técnico, además de distribuir el archivo a las tiendas principales, también es más fácil editar tu libro sin tener que ir a todas las tiendas individuales. Algunos ofrecen servicios adicionales (como creación de portada o servicios editoriales) por una tarifa extra.

Al utilizar un agregador, obtienes una vista centralizada de todas tus ventas en todas las tiendas, así como un pago único de todas ellas, lo que facilita el seguimiento de las ventas y los pagos. También puedes enviar tu libro a las bibliotecas a través de ellos.

Por supuesto, si te molesta la pérdida de control individual, es posible que los agregadores no sean para tí.

¿Qué distribuidor elegir?

Hay una variedad de agregadores/distribuidores. Los más famosos son, sin ningún orden en particular:

- Smashowrds

- Draft2Digital

- IngramSpark

- Streetlib

- PublishDrive

- XinXii

Hay más, pero lo ideal es elegir uno, como máximo dos, y ceñirse a ellos.

Mis 3 favoritos principales son:

1. **Draft2Digital:** la conversión de tu archivo es rápida y sencilla. Distribuyen a los principales negocios y son muy fáciles de trabajar y receptivos. Aceptan el erotismo, pero restringen el tabú ya que la mayoría de sus minoristas no lo aceptan. Distribuyen a Amazon, pero no tienen tienda propia.

2. **Smashwords:** el sitio de referencia para publicar contenido erótico tabú. Tienen su propia tienda, en la que definitivamente deberías publicar si vas a ampliar tu alcance, incluso si decides no utilizarla para distribuir a otras tiendas. Son conocidos por ser

estrictos con el formato y un poco complicados con el uso de sus índices, pero si lo mantienes simple, la conversión de archivos y la aceptación en su catálogo de distribución amplia no es tan difícil.

3. **Streetlib:** Tienen su propia tienda, en la que también aceptan erótica tabú; sin embargo, no tiene ningún movimiento en comparación con Smashwords. En lo que son realmente buenos es en la conversión y distribución de libros. Tienen una amplia gama de sitios a los que distribuyen en todo el mundo y te dicen durante el proceso de envío qué sitios no aceptan contenido erótico, lo cual es bastante bueno.

Cualquiera que sea el agregador que elijas, te recomiendo que también publiques en Smashwords. Puede que no tenga la cantidad de ventas que tiene Amazon, pero tiene movimiento y puede que dé un buen extra.

Y si utilizas dos distribuidores, también querrás evitar la publicación dual (es decir, publicar un título a través de, digamos, XinXii y Smashwords, en Kobo).

¿Dónde publicar si escribo tabú?

Otra razón por la que quizás quieras ampliar tu alcance es para poder publicar temas tabú, también conocidos como "las cosas que Amazon prohíbe".

Esto puede ser cualquier cosa, desde incesto, lluvias dorada, bestialidad (o sexo parcialmente transformado), dubcon y otros.

Ahora, hay muy pocos editores que acepten este tipo de cosas, y dado que sus términos cambian de vez en cuando, debes verificarlos todos antes de publicar, pero aquí están tres de los que he usado:

- **Streetlib** acepta contenido tabú, pero su tienda no tiene mucho movimiento y no te recomendaría que te molestaras con ellos.

- **Smashwords** acepta la mayoría de los contenidos tabú, aunque "desalienta" algunos y prohíbe rotundamente otros (como el scat). Su tienda tiene *mucho* movimiento para temas tabú, ya que es el lugar al que acudir en este momento.

- **Lot's Cave** se especializa en incesto pero se ha abierto a otras categorías tabú. Allí, por ejemplo, he visto muchos deportes acuáticos. Podría valer la pena intentarlo.

Todos ellos prohíben que los menores participen en el erotismo, lo cual es un hecho.

Personalmente, pongo todos mis tabúes en Smashwords en este momento y se venden bastante bien.

Ser KU o no ser a KU

En "¿Qué es mejor, seguir con Kindle o ampliar?" Mencioné que Kindle Unlimited es una preferencia personal, pero quiero brindarte una visión más específica del aspecto de pago y mencionar algunas otras cosas, para que puedas tomar una decisión informada.

¿Cómo me pagan?

Kindle Unlimited ofrece a los lectores libros gratuitos, entonces, ¿cómo se les paga a los autores?

Bueno, KU paga a los autores por *lectura de página*. O mejor dicho, por las páginas de KENP. ¿Qué es KENP? Significa **Páginas Normalizadas de Edición Kindle**. Después de todo, los libros electrónicos no tienen páginas normales, por lo que Kindle creó un estándar para poder pagar a los autores una tarifa fija.

Las regalías por página leída pueden variar mucho, pero al momento de escribir este libro rondan el medio centavo por página (es decir, alrededor de $0,004 o $0,005).

Las regalías de venta, por otro lado, son del 70% por $1,99 a $9,99, y del 30% al 35% por cualquier valor inferior a $0,99.

No soy matemática, así que te ahorraré mis terribles matemáticas, pero en un día normal, honestamente, obtendrás más o menos lo mismo con cualquiera de los dos caminos.

¿Por cuánto tiempo necesito ser exclusivo?

Si eliges inscribirte en Kindle Unlimited/KDP Select, deberás firmar un contrato de exclusividad que dura **90 días** .

Son **90 días** en los que _**no puedes**_ publicar tu libro en ninguna otra tienda en línea, no puedes ofrecerlo de forma gratuita y _**no puedes incluirlo en ningún paquete**_. Eso significa que tampoco puedes publicar obsequios ni ARC, aunque no es probable que lo hagas con trabajos eróticos breves, pero tenlo en cuenta.

El número de cuentas

No es realmente exclusivo de Kindle Unlimited o Select, pero debes tener en cuenta que **solo puedes tener una cuenta KDP, y tener varias cuentas es un delito que puede causar que te bloqueen todas las cuentas.** Puedes tener varios seudónimos en una misma cuenta sin que nadie sepa quién eres, y puedes tener hasta **tres cuentas centrales de autor** con un mismo correo electrónico, pero no puedes tener más de **una cuenta KDP.**

¿Cuánto vale tu historia?

¿Qué precio debo poner a mis historias?

Como mencioné antes, las regalías de venta son del 70% para libros electrónicos con un precio de entre $1,99 y $9,99, y del 30% al 35% para cualquier valor inferior a $0,99.

La regla general es que sus historias deben tener entre 4.000 y 5.000 palabras, sobre todo porque Amazon no acepta nada de menos de 3.000 palabras. Pero puedes *escribir* historias más cortas si lo deseas, simplemente no obtendrás mucho retorno por ellas.

Entonces. ¿Qué precio poner a cortos y libros independientes? La respuesta para el erotismo es súper simple:

Cualquier cosa inferior a 3.000 palabras debería tener un precio de 0,99 dólares.

Todo lo que supere los 3.500 palabras debería tener un precio de 2,99 dólares.

Cualquier cosa que supere las 30.000 palabras, puedes empezar a pensar en ponerle un precio de 4,99 dólares.

Eso es todo.

Ten en cuenta que estos son precios **de erótica** y este esquema de precios no se aplicará a ningún libro fuera de la categoría de erótica.

Quizás te preguntes, ¿por qué no $1,99? Bueno, es una cuestión psicológica. Hay algunas personas que ponen ese precio a sus libros, pero después de pruebas exhaustivas, encuentran que venden libros por menos de $0,99 y $2,99.

Puedes ponerle precio a tus libros 4k y superiores a $0,99 (o gratis/perma-free) solo bajo las siguientes circunstancias:

- Estás ejecutando una promoción temporal y luego la devolverás al precio normal.

- Es el primero de una serie y lo estás usando como un líder de pérdidas permanente (es decir, un cebo para que la gente lo compre y espere que se enganchen y compren el resto de la serie).

¿Por qué no mantenerlo permanentemente a $0,99? Sinceramente, vuelve a ser una cuestión psicológica. Puede que genere más clics impulsivos, pero también hará que la gente piense que tu escritura no vale la pena. ¿Crees que la calidad de un libro electrónico de $0,99 es mejor que la de uno de $2,99? No me parece.

Además, con un 70% de regalías por libros de $2,99, necesitas vender muchos menos libros para ganar dinero que si tuvieras un precio más bajo con el 30% de regalías.

Paquetes de precios

Si alguna vez ves un paquete con un precio ridículamente bajo (como más de 10 historias por $0,99), eso significa que esperan lecturas de páginas de KDP Select/KU, y no ventas. Esperan que el precio llame la atención de la gente, que ignoren la posible mentalidad de calidad cuestionable porque es "gratis" en KU, y lo lean allí.

No pongas un precio ridículamente bajo a tus paquetes a menos que esa sea tu táctica. (E incluso entonces, realmente no lo recomendaría).

Los paquetes *deben* ofrecer un descuento sobre el precio de la serie completa, pero no es necesario regalarlos.

El precio de los paquetes puede ser un poco vago, pero normalmente puedes ofrecer un descuento de $0,99 en 3 a 5 cortos, y un descuento un poco mayor en paquetes con más de 5 historias, incluso reduciendo a la mitad el precio del paquete.

Trata de no exceder nunca los $ 9,99, independientemente de cuántos cortos estés empaquetando, para poder ganar la mayor cantidad de regalías por venta.

Promociones en ejecución

Deberías realizar algunas promociones de vez en cuando para empezar a ganar tracción, especialmente si eres nuevo en esto, ya que te ayudará a dar a conocer tu nombre.

Una forma de promoción que puede ejecutar es, como ya se mencionó, un "líder de pérdidas".

Aquí es cuando le pones un precio permanente al primer libro de una serie de $ 0,99 o lo haces gratis para que el lector se enganche a tu serie. Esta es una buena estrategia para libros antiguos que ya no ganan tanto.

También puedes hacer esto como una promoción temporal, recomendable para libros más nuevos o cada vez que publiques una nueva entrega de la serie.

No está de más tener algunos libros independientes de forma permanente o temporal para darles a los compradores una muestra de tu trabajo y hacerlos adictos a él, pero este tipo de promociones realmente funcionan mejor para las series.

Amazon explicado

Ya mencioné KDP Select y Kindle Unlimited, pero hay más que aprender sobre Amazon que solo eso. En esta sección explicaré más sobre qué es la mazmorra para adultos de Amazon, sus reglas de contenido y algunos otros elementos de importancia.

La mazmorra para adultos puede parecer divertida, pero no lo es.

En "Ponerle título a tu historia", mencioné brevemente la temida "mazmorra para adultos" de Amazon. Déjame explicarte un poco más sobre esto aquí.

La mazmorra de Amazon (también conocida como "filtrado para adultos") es un filtro que se aplica a los libros eróticos con contenido picante que Amazon considera demasiado para adultos para los ojos virginales del comprador promedio.

Aunque la zona sólo para adultos suena en teoría como una buena idea, está muy mal ejecutada, por lo que todo el mundo intenta evitarla (y tú también deberías hacerlo).

Terminar en la mazmorra puede significar que su libro no será recomendado como "también comprado" en otros libros, no aparecerá en la categoría Lecturas cortas y no aparecerá en una búsqueda normal de palabras clave. También estará entre los últimos resultados cuando busque explícitamente su título y autor. Evidentemente, esto reduce las ventas.

Si Amazon tuviera una categoría para adultos *real* o una etiqueta/etiqueta de advertencia visible, no sería un problema, pero se puede ver que ocultar libros de las búsquedas (incluso de personas que buscan explícitamente títulos eróticos) es malo para el negocio *de todos.*

Las razones para terminar en la mazmorra varían, pero incluyen:

- Mostrar cosas picantes en la portada (consulte nuestra sección sobre portadas)

- Palabras o descripciones explícitas en el título o descripción

Amazon no te notificará si tu libro fue filtrado, así que recuerda que comprobar si tu libro está en la mazmorra es bastante fácil. Simplemente ve a salesrankexpress[1] y busca el nombre de tu autor o el título del libro. Si ves la palabra " **adulto** ", significa que te han enviado a la mazmorra de Amazon.

Otro indicio podría ser una caída repentina de las ventas en tus informes.

Dicho esto, estar en la mazmorra no es el fin del mundo, no si has hecho bien tu tarea. Pero incluso entonces, aún puedes conseguir que te eliminen si juegas bien tus cartas.

---

1. http://salesrankexpress.com

Qué hacer si terminas en la mazmorra

Muchas personas que son filtradas como adultos intentan jugar con el sistema recategorizando su libro. Pondrán su título de erótica en romance, o incluso en otras categorías no relacionadas.

Todo esto es una idea terrible. No sólo podría hacer que tu libro y tu cuenta sean bloqueados, sino que también cabrea a los compradores y molesta a otros autores. Estás saturando el escaparate de categorías legítimas sin ningún motivo.

La categoría erótica existe y puede usarse fácilmente sin penalizar tu clasificación, ¡así que úsala!

Si te filtran como adulto, algunas de las cosas que puedes hacer incluyen:

- Pregúntales cortésmente por qué para que puedas solucionarlo

- Rehacer la portada con algo menos descaradamente atrevido

- Modificar tu título o descripción para incluir eufemismos (miembro en lugar de polla, por ejemplo) o eliminar palabras ofensivas

NO lo canceles ni lo vuelvas a publicar, **edítalo** y solicita una revisión. Anular la publicación y volver a publicarla varias veces puede ser motivo de bloqueo de cuenta.

Contenido prohibido

Como vimos en nuestra sección de portadas, el contenido prohibido en **las portadas** incluye:

- Desnudez o desnudez implícita (manos sobre o debajo de sujetadores, mostrar el debajo de los senos, etc.)

- Tocar partes prohibidas incluso sobre la ropa

- Vello púbico o pezones femeninos

- Poses sexuales (incluso con ropa puesta)

- Restricciones físicas (shibari , esposas, mordazas, etc.)

El contenido prohibido en la **historia** incluye:

- Personajes menores de edad en situaciones sexuales

- Bestialismo o sexo con animales no míticos (sí, sé que existe el erotismo de los dinosaurios; aparentemente Amazon piensan que son un mito)

- Incesto y pseudoincesto (el pseudoincesto es un área gris, pero manténte en el lado seguro y no lo publiques en Amazon)

- Referencias al scat o deportes acuáticos

- No-con o dub-con

Las palabras prohibidas en sus **títulos y anuncios publicitarios** incluyen:

- Cualquier cosa abiertamente picante (anal, culo, mamada, coño, semen, sexo, etc.)

- Palabras que indiquen que es sexo forzado (esclavo, violado, secuestrado, forzado, sexo dormido, abusar, violación, abuso)

- Incestuo (papá, hermana, hermano, padrastro, incesto, pseudoincesto, etc.)

- Referencias a menores de edad (apenas legales, bebé, niña, niño, infante)

- Gangbang, orgía

- Menciones de bestialidad

- Preñadas, lactancia, cría, etc.

- Referencias a excrementos y deportes acuáticos (nuevamente, incluyendo orina, heces, etc.)

- Virgen

Esta no es una lista exhaustiva, claro está, pero es un buen comienzo para orientarte en la dirección correcta.

En Amazon no son muy consistentes a la hora de aplicar sus propias reglas, por eso ves tanto pseudoincesto y otros contenidos prohibidos. Pero recuerda: basta con que marquen uno de tus libros para que puedan comprobar todos los demás que has hecho, y esto puede provocar que pierdas toda tu cuenta.

Qué hacer si te banean o bloquean la cuenta

Entonces, hiciste algo estúpido y te expulsaron del KDP. O no hiciste nada estúpido pero aun así te bloquearon y se negaron a devolver tu cuenta.

¿Es el fin del mundo?

No exactamente.

No puedes crear otra cuenta de KDP, ya que eso es motivo para bloquearla nuevamente. Incluso si cambias el nombre de tu autor, puede causarte problemas con Amazon.

Puedes aprovechar la oportunidad para ampliar y publicar en todos los demás medios. No te dará tanto dinero como Amazon, pero aún así podrás dirigir el tráfico a todos los demás puntos de venta.

Ahora, algunas personas dicen que puedes intentar volver a KDP a través de una editorial (tradicional o agregador) o creando una cuenta comercial...

Puedes *intentarlo*, pero hacer cosas así puede causarte muchos problemas con dichos editores y agregadores, y es muy desaconsejable. La mayoría de los agregadores tampoco te permitirán publicar en Amazon si previamente has sido excluido de allí. Si te aceptaran, podrías probar con ellos contenido nuevo, siempre y cuando te asegures de que no infringe ninguna regla.

Y volver a través de una cuenta de editor aún puede provocar que te bloqueen.

¿Mi consejo? No vale la pena correr el riesgo. Simplemente olvídalo y sigue adelante. Publica en otro lugar. Comercializa un poco más.

Hacer tu propia editorial

Muchos autores, especialmente autores eróticos con muchos seudónimos, se preguntan si deberían crear su propia editorial. Lo encuentro bastante innecesario excepto por dos razones muy distintas:

1. Si necesitas privacidad
2. Para facilitar la gestión de seudónimos en Smashwords

Analicémoslo un poco.

Algunos autores de literatura erótica prefieren que su nombre se mantenga lo más privado posible, por lo que, para la declaración de impuestos, completan los formularios con un nombre comercial. Esto también es útil en caso de que desee aceptar pagos directamente a través de algo como PayPal (cuenta comercial) y no mostrar su nombre si, por ejemplo, también vende sus libros electrónicos a través de su propio sitio o escribe de forma fantasma.

La otra razón es que en Smashwords, para usar varios seudónimos de una sola cuenta, debes registrarte como agente o editor, o abrir tantas cuentas separadas como seudónimos tengas. Puede ver por qué esto último puede ser un problema.

Ahora, Streetlib, Amazon y otros sitios te permiten usar varios seudónimos sin vincularlos entre sí, pero debes saber que si te registras como agente o editor en Smashwords, todos los seudónimos que escribas seguirán vinculados a un editor, por lo que la gente podría adivinar fácilmente que eres el mismo autor si un nombre es para algo como ciencia ficción y el otro para erótica.

Para decirlo brevemente, no *necesitas* una empresa o editorial propia, pero tienes la opción de obtenerla oficialmente o utilizar una no oficial en Smashwords para facilitar los pagos y los informes.

¿Merecen la pena los escritores fantasmas?

Un escritor fantasma es una persona que contratas para escribir tus libros por ti. Esto significa que ellos escriben el contenido y tú le pones tu nombre y se te atribuye el mérito.

¿Debería convertirme en escritor fantasma?

La respuesta corta es no, a menos que necesites el dinero lo antes posible.

La respuesta larga es que, si tienes poco dinero en efectivo y necesitas el dinero de inmediato, puedes escribir un poco como un escritor fantasma. Esto se debe a que el pago de estos es inmediato, mientras que las regalías de los libros tardan entre uno y tres meses en procesarse.

Sin embargo, si no tienes prisa, probablemente puedas ganar mucho más publicando las historias tú mismo que vendiéndolas a otra persona.

¿Debería contratar a un escritor fantasma?

Honestamente, a menos que ya estés ganando miles, realmente no vale la pena. Y aun así, no me molestaría en ello. Puede parecer un sueño, pero mucha gente engaña al sistema con plagio o contenido modificado (reescrito) y eso puede causar muchos problemas.

Simplemente escribe tus propias historias. No es difícil, te ahorrará más tiempo que comprobarlo todo.

parte 4
Todo sobre marketing erótico

¿Cómo comercializar el erotismo?

¡Qué buena pregunta!

¡No lo haces!

Así es, **no** necesitas nada: anuncios, listas de correo (no está mal, pero no es necesario), ARC, sitios de promoción, blogs, otras plataformas sociales, etc, etc....

Todo lo que necesitas para comercializar el erotismo es:

- Páginas finales adecuadas

- Una buena portada, título y descripción que incluya palabras clave

- Buena investigación de palabras clave

- ¡Y a seguir publicando!

¿Decepcionado? ¡Lo siento!

Lo que vende tus historias son tus nuevas historias. Diré esto hasta que ambos estemos cansados de escucharlo. ¡Esa es la belleza del erotismo! El sexo se vende solo (casi), ¡y lo único que tienes que hacer es seguir publicando!

Puedes realizar promociones en el sitio (por ejemplo, reduciendo precios o haciendo algo temporalmente gratuito) de vez en cuando, pero no necesitas buscar sitios promocionales para anunciarte ni publicar anuncios en ningún lugar.

La siguiente y última parte de este libro trata sobre la investigación de palabras clave y es la parte más importante.

La clave de las palabras clave

¿Qué son las palabras clave?

Las palabras clave son palabras que describen un producto. En nuestro caso, son palabras que la gente utiliza para buscar nuestros eBooks en las distintas tiendas.

Puede ser una sola palabra clave, como por ejemplo: vampiro.

O puede ser una cadena de varias palabras clave, también llamadas palabras clave de cola larga, como por ejemplo: erótica de luna llena de hombre lobo.

Las palabras clave se utilizan en los metadatos, es decir, en el título, subtítulo, descripción y reseñas.

¿Por qué son importantes las palabras clave?

En la mayoría de las tiendas, pero de manera más destacada en Amazon, la relevancia de la búsqueda se mide mediante algunos de los siguientes factores:

- Tus palabras clave

- ¿Cuántas personas hacen clic en un título?

- ¿Cuántas personas *compran* el título?

- Las reseñas

Las palabras clave que utilices harán que sea más fácil (o más difícil) para las personas encontrar tu libro cuando busquen algo. Cuando más personas puedan encontrarlo, más personas podrán hacer clic en él. Y cuanta más gente haga clic en él, más posibilidades habrá de que alguien lo compre.

Por ejemplo, ponte en la piel de un lector de literatura erótica. Quizás te guste el BDSM. Quizás te gusten los motociclistas. Quizás te gusten los motociclistas *multimillonarios*.

¿Qué buscarías? Probablemente "*motociclistas multimillonarios BDSM*".

Y lo que obtendría como resultado de tu búsqueda es una lista de libros que incluyen esa cadena de palabras clave o que las mencionan en algún lugar de sus metadatos.

¿Cómo encuentro las palabras clave adecuadas y cómo afecta eso a mi clasificación?

Encontrar las palabras clave adecuadas no es difícil, solo requiere mucho tiempo.

El camino más largo requiere que sigas pasos sencillos.

Abre Amazon en una ventana de incógnito (para que sus resultados no se confundan con búsquedas tuyas anteriores). Piensa: ¿De qué trata tu historia? ¿Multimillonarios? Luego comienza escribiendo "multimillonario" en la búsqueda. Debería aparecer una ventana emergente con varias sugerencias; vea si alguna aplica. Toma una captura de pantalla si lo deseas.

Piensa en lo que el usuario necesitaría buscar al buscar tu historia. Tal vez se trate de hombres lobo motociclistas. Escribe "hombres lobo motociclistas" en la búsqueda, repite como arriba.

Todas las cadenas que aparecen para completar automáticamente son búsquedas recientes relacionadas y también te dan una idea de las tendencias.

Una vez que tengas una palabra clave de dos cadenas, puedes seguir el método del abecedario, es decir: escribir "motociclista multimillonario a" y ver qué aparece. Haz lo mismo con el "motociclista multimillonario b", c, d, etc. Anota las palabras clave relevantes para usar en tu propio libro.

Una vez que tengas palabras clave relevantes para tu título erótico, deberás buscarlas nuevamente, esta vez verificando la "relevancia" en la parte superior de los resultados de búsqueda. Explora la primera página para ver las mejores clasificaciones y usa una extensión de navegador que te muestre la clasificación de los más vendidos en los resultados de búsqueda para acelerar el proceso.

Una buena regla general es:

Si los libros de la primera página tienen una clasificación de best sellers de 100.000 o menos, es muy probable que puedas aparecer en la primera página.

Si son 10.000 o menos, es un nicho competitivo, pero podría funcionar.

Si es 1.000 o menos, es un mercado altamente competitivo y te resultará difícil llegar a la primera página de resultados.

Otra forma de hacerlo es utilizar un sitio para realizar la investigación por tí; como Long Tail Pro o Publisher Rocket, pero pueden ser costosos y los sitios gratuitos de investigación de palabras clave no suelen buscar palabras clave eróticas.

Trata de no dedicar demasiado tiempo a las palabras clave, dedícate más a encontrar tu mercado y a hacer una combinación adecuada de portada, descripción y título.

Consejos para palabras clave

Haz un buen uso de tu espacio para palabras clave. Amazon te ofrece 7 espacios para palabras clave. Smashwords ofrece 10. **No las uses para repetir palabras que ya están en tus metadatos.** Si su libro se llama "El club BDSM de motociclistas multimillonarios", no incluyas "BDSM motociclistas multimillonarios" como palabra clave.

Introduce palabras clave de forma natural en tus metadatos. No los fuerces, pero, por ejemplo, podrías titular algo como "El club BDSM de motociclistas multimillonarios: una escapada erótica gay" o algo así, y distribuir algunas palabras clave más en la descripción, liberando el cuadro de palabras clave para otras palabras clave relevantes.

No te limites a una sola palabra clave por espacio. Utiliza una cadena de 3 o 4 palabras clave combinadas, pero asegúrate de que sean apropiadas; no utilices cualquier palabras clave (es decir, no incluyas palabras clave no relacionadas en todas partes).

¿Qué sigue?

Ahora ya sabes todo lo que hay que saber sobre la escritura erótica. Si has llegado hasta aquí en el libro, ¡escribir erótica es sin duda para ti! ¿Qué haces todavía leyendo? ¡Ve y escribe algunos títulos eróticos!

Alternativamente, si decidiste que quieres escribir algo, pero que no sea erótico, o si tienes problemas con el bloqueo del escritor, el agotamiento, los hábitos de escritura, etc, asegúrate de consultar mis otros libros sobre escritura. ¡Estoy segura de que encontrarás algo útil allí!

Glosario

KDP: Publicación directa de Kindle. Un programa de Amazon para que autores, agentes y editores publiquen libros en su plataforma.

KU: Kindle ilimitado. Un programa de Amazon donde los usuarios pueden pedir prestados 10 libros a la vez de forma gratuita.

KENP: Páginas normalizadas de la edición Kindle. Una forma de que Amazon cuente páginas basándose en un algoritmo estándar.

BSR: Clasificación de mejor vendedor. Una clasificación que indica qué tan bien le está yendo a un libro y dónde se ubicará en los resultados de búsqueda y otras recomendaciones en el sitio de Amazon.

ARC: Copia de lector avanzado. Una copia de su libro entregada (generalmente gratuitamente) a los lectores a cambio de reseñas.

M/M: Hombre/Hombre. Relaciones homosexuales.

F/F: Mujer/Mujer. Relaciones lesbianas.

M/F: Hombre/Mujer. Relaciones heterosexuales. Cualquier combinación de M/F/M/M indica la cantidad, el género y el orden de las personas involucradas, generalmente.

PI: Pseudo-Incesto. Relaciones entre personas de una familia pero que no comparten sangre.

Non-con/Dub-con: Consentimiento no consensual o dudoso. Cuando las relaciones son forzadas o no está seguro de si ambas partes dan su consentimiento (como el sexo dormido o el hipnotismo).

BBW: Mujeres grandes y hermosas. Mujeres con curvas.

Lista rápida de nichos

Esta es solo una lista de varios nichos en los que podrías escribir, algunos de los cuales podrían estar prohibidos por Amazon, así que tenlo en cuenta. Esto no significa que ningún libro en estos nichos tenga un desempeño bueno o malo. No es exhaustivo, pero debería servirte para empezar.

¡Investiga bajo tu propio riesgo!

- ABDL

- Extranjero

- Machos alfa

- Amputado

- Niñera

- BBW

- BDSM

- Bestialidad

- Pollas grandes

- motociclistas

- multimillonarios

- bimbos

- Cría

- TCC

- vaqueros

- travestismo

- Cornudo / Cuckold

- Bukakke

- Médicos/enfermeras/médicosa

- Exhibicionismo/voyeurismo

- Expansión

- Pies/zapatos

- dominación femenina

- Juego de roles / Furry y/o animales (que pueden incluir o no trajes)

- Gangbangs/orgías

- Intercambio de género

- Sangre

- Hucow/lactancia

- Humillación
- Incesto/Pseudo-Incesto
- Inflación
- Interraciales/multiculturales
- Criadas
- Mafia
- Médico
- Ménage
- Monstruos/seres mitológicos
- No-con/dub-con
- Oficina/trabajador
- Hombre o mujer mayor con hombre o mujer más joven (pumas, MILF, mayo/diciembre, etc.)
- Omegaverso
- Dolor
- Embarazo
- Prisión
- Juguetes sexuales

- Strippers

- Vampiros

- Vírgenes/primeras veces

- Vore /Canibalismo

- Deportes acuáticos

- Aumento de peso

- Hombres lobo

¿Quién es Sophie Chandler?

Sophie Chandler ha escrito más de 20 libros, tanto de ficción como de no ficción, con varios seudónimos, ¡y hay más en proceso! Ha estado publicando constantemente durante los últimos años y planea continuar haciéndolo ahora que encontró el secreto de la productividad.

Antes no tenía un proceso estable, ningún hábito de escritura que la respaldara. Antes de formar este hábito, había iniciado y abandonado más de 50 historias.

Ahora, gracias a los secretos que comparte en esta serie de libros, ha ido terminando constantemente cada libro que se propuso escribir.

¡No más proyectos sin terminar!

¡No más ventas bajas!

¡Deja que Sophie te muestre todos sus secretos en esta nueva serie de escritura!

Don't miss out!

Visit the website below and you can sign up to receive emails whenever Sophie Chandler publishes a new book. There's no charge and no obligation.

https://books2read.com/r/B-A-IGUI-KXZVE

BOOKS2READ

Connecting independent readers to independent writers.

Also by Sophie Chandler

El negocio de la escritura

La guía completa para escribir erótica: Lanza tu escritura erótica hacia el éxito

La mentira del bloqueo del escritor: Tu guía definitiva para superar el bloqueo artístico

The Writing Business

The Complete Guide to Writing Erotica: Launch Your Erotica-Writing Gig to Success

The Writer's Block Lie: Your Definitive Guide to Overcoming Writer's Block